Dieses Buch ist für:

_____

Wie hat alles angefangen?

Foto

1. Fahrt zu dem Ort, wo ihr euch kennengelernt habt

2. Wo seid ihr geboren? Fahrt dort hin:

_____

_____

3. Verbringt noch einmal ein erstes Date - wo war euer erstes Date?

_____

4. Jeder darf sich einen Punkt wünschen:

_____

_____

5. Geht gemeinsam feiern und bestellt eine Flasche Champagner

6. Erzählt euch ein Geheimnis aus der Kindheit

7. Verbringt eine Nacht im Freien

8. Gemeinsam nach Las Vegas? Lasst es krachen!

9. Verbringt einen Tag im Bett - nackt, wenn ihr wollt

10. Habt ihr schon einmal im Iglu geschlafen? Nein? Dann wird es Zeit!

11. Wir vergessen bei dem ganzen Spaß nicht diejenigen, die keinen Spaß haben. Tut etwas gutes! Geht ins Tierheim, Kinderheim etc. und unterstützt.

12. Eure Traumurlaubsziele?

_____

_____

13. Packt eure Sachen, steigt ins Auto und los! Wohin? Wohin bringt euch der Weg.

14.

Zu welchem Konzert wolltet ihr schon immer? Schön und gut... Geht zu dem Konzertveranstalter und bucht das nächste Konzert – egal ob ihr es kennt oder nicht!

15. Wann habt ihr euren letzten Liebesbrief geschrieben? Es wird Zeit:

16. Wann habt ihr euren letzten Liebesbrief geschrieben? Es wird Zeit:

17. Kennt ihr die Ängste des Anderen? Welche sind das?

1. _____
_____
_____

2. _____
_____
_____

Ihr wisst was kommt! Habt ihr die Dinge erledigt?

18. Jeder darf die Kleidung des Anderen aussuchen und dann geht ihr gemeinsam raus!

Foto

19. Probiert eine neue Stellung aus dem Kamasutra

20. Besteigt einen Berg zusammen

21. Gehst zusammen campen

22. Gönnt euch eine Partner Massage oder lernt gleich wie es geht

23. Verbringt einen Tag zusammen ohne jegliche Technologie! Kein Handy, kein Fernseher etc.

24. Könnt ihr euch an eure letzte Kissenschlacht erinnern? Jetzt habt ihr wieder eine Erfahrung mehr!

25.

Lest gemeinsam ein Buch und diskutiert anschließend

26. Singt ein Duett zusammen in einer Karaoke Bar

27. Gemeinsame Ziele schweißen zusammen! Sucht euch ein sportliches Ziel aus und meistert es zusammen

28. Versucht euch an einem gemeinsamen Hobby

29. Drei Adjektive, die deinen Partner beschreiben?

1.

2.

30. Euer größter gemeinsamer Adrenalinkick?

31. Bringt euch auch mal Frühstück ans Bett

32. Erzählt euch die größten sexuellen Wünsche

1.

2.

33. Bindet euch die Augen zu und putzt einander die Zähne

34. Gebt einander Spitznamen

1.

2.

35. Macht zusammen einen Tanzkurs und zeigt anderen Leuten eure erlernten Dancemoves

36. Erstellt jeder eine Playlist mit euren liebsten Liedern

37. Geht gemeinsam ins Kino und lasst den Kassierer den Film aussuchen

38. Macht dem Anderen ein Lunchpaket zur Arbeit fertig

39. Mal ein Bild von deinem Partner

40. Mal ein Bild von deinem Partner

41. Sprecht über eure Zukunft und was eure gemeinsamen Ziele sind

1. _____
2. _____
3. _____

42. Betrinkt euch gemeinsam

43. Ein Kuss auf dem Riesenrad

44. Wer aus eurem Bekanntenkreis führt eine, aus eurer Sicht, tolle Beziehung? Interviewt sie und fragt nach den Top 5 Tipps:

1. _____

2. _____

3. _____

4. _____

5. _____

45. Baut gemeinsam einen Schneemann

46. Anschließend ist es Zeit für eine Schneeballschlacht

47. Geht gemeinsam in die Sauna

48. Sucht euch einen Weltrekord aus und versucht ihn nachzumachen

49. Fahrt mit einem Tandem

50. Es ist Zeit für Monopoly

51. Sagt euch "Ich liebe dich" auf 12 unterschiedlichen Sprachen

52. Erstellt einen gemeinsamen Cocktail

53. Wart ihr schon in Asien?

54. Wie sieht es mit Afrika aus?

55. Vergrabt einen Schatz für eure Kinder

56. Baut zusammen ein Möbelstück auf

57. Sprecht über eure größten Wünsche

58. Ein Pärchenkostüm zu Karneval oder Halloween

59. Geht zusammen shoppen und jeder kauft ein Teil für den Anderen

60. Geht zusammen zum Münchener Oktoberfest

61. Jeder kocht einmal für den Anderen

62. Ein Gedicht aufsagen

63. Ein Gedicht aufsagen

64. Einmal gemeinsam auf den Eifelturm

65. Pflanzt einen Baum – nicht an eurem Wohnort

66. Geht gemeinsam Pilze sammeln

67. Ein gemeinsames Picknick

68. Jeder übernimmt eine Woche lang die Hausarbeit des Anderen

69. Schreibe 10 Gründe auf, warum du deinen Partner liebst

1.

2.

3.

4.

5.

6.

7.

8.

9.

10.

70. Schreibe 10 Gründe auf, warum du deinen Partner liebst

1.
2.
3.
4.
5.
6.
7.
8.
9.
10.

71. Schaut euch 10 Minuten an ohne etwas zu sagen - stoppt die Zeit

72. Schaut euch 5 Minuten an und lacht

73. Geht zusammen in den Zoo

74. Geht zusammen ins Aquarium

75. Wart ihr schon zusammen auf dem Meer? Ab aufs Schiff

76. Macht einen Kochkurs zusammen

77. Passt einen Tag auf ein Kind eures Freundeskreises oder Famile gemeinsam auf

78. Küsst euch mit Morgenatem

79. Packt die Koffer - es geht zum Flughafen! Welcher ist der nächste Flug? Der wird gebucht!

79. Packt die Koffer - es geht zum Flughafen! Welcher ist der nächste Flug? Der wird gebucht!

80. Wartet im Kino bis der Abspann vorbei ist und verlasst gemeinsam als letztes den Saal

81. Geht als Paar auf eine Hochzeit

82.

MIETET EIN CABRIO UND GENIESST DEN SONNENUNTERGANG

83. Macht ein gemeinsames Fotoshooting

84. Kocht gemeinsam thailändisch

85. Bring deinem Partner etwas bei, das er noch nicht kann

86. Geht schick Essen und gönnt euch ein 3-Gänge Menü

87. Verbringt einen Tag im Vergnügungspark

88. Beschreibe deinen Partner mit 5 Adjektiven

1. _____

2. _____

3. _____

4. _____

5. _____

89. Beschreibe deinen Partner mit 5 Adjektiven

1.

2.

3.

4.

5.

90. Geht gemeinsam Schnorcheln

91. Schaut euch eine Stadt von oben an

92.

Macht euch einen Monat lang täglich ein Kompliment

93. Checkt in ein 5-Sterne Luxus Hotel ein

94. Bestellt euch Essen und guckt dazu eure Lieblingsserie

95. Erfüllt euch einen gemeinsamen Traum

96. Fragt eure besten Freunde nach einem Punkt für eure Bucket List

97. Jetzt entscheiden eure Eltern, was müsst ihr noch erleben?

98. Geht auf ein Doppeldate

99. Spielt Minigolf

100. Geht im Partner Look nach Draußen

101.
Küsst euch ins neue Jahr

Impressum:
Nattawuth Arumsajjakul
Lissaboner Straße 18
30982 Pattensen
n.arumsajjakul@gmx.de

www.ingramcontent.com/pod-product-compliance
Lightning Source LLC
Chambersburg PA
CBHW070822220526
45466CB00002B/739